Dipl.-Psych. Andreas Schulz

Begegnung in der Therapie: Selbsterfahrung für Therapeut und Klient

GRIN Verlag

Bibliografische Information der Deutschen Nationalbibliothek:

Die Deutsche Bibliothek verzeichnet diese Publikation in der Deutschen National-
bibliografie; detaillierte bibliografische Daten sind im Internet über http://dnb.d-
nb.de/ abrufbar.

Impressum:

Copyright © 1984 GRIN Verlag GmbH
Druck und Bindung: Books on Demand GmbH, Norderstedt Germany
ISBN: 978-3-640-86496-6

Dieses Buch bei GRIN:

http://www.grin.com/de/e-book/98795/begegnung-in-der-therapie-selbsterfahrung-
fuer-therapeut-und-klient

GRIN - Your knowledge has value

Der GRIN Verlag publiziert seit 1998 wissenschaftliche Arbeiten von Studenten, Hochschullehrern und anderen Akademikern als eBook und gedrucktes Buch. Die Verlagswebsite www.grin.com ist die ideale Plattform zur Veröffentlichung von Hausarbeiten, Abschlussarbeiten, wissenschaftlichen Aufsätzen, Dissertationen und Fachbüchern.

Besuchen Sie uns im Internet:

http://www.grin.com/

http://www.facebook.com/grincom

http://www.twitter.com/grin_com

Begegnung in der Therapie: Selbsterfahrung für Therapeut und Klient

Andreas Schulz

Begegnung: Begegnung ist ein zentrales Ziel beim Psychodrama. Begegnung bedeutet, dass zwei Menschen sich einander öffnen und dadurch ein gegenseitiges sich Einfühlen ermöglichen. Begegnung beruht nicht nur auf der bloßen Interaktion oder kommunikativen Verständigung, sondern auf einem existentiellen Sich-in- Beziehung-Setzen. Die Begegnung zeigt sich auch im Austausch zwischen Menschen über ihre Lebenserfahrungen (Sharing). Eine wahre Begegnung zwischen Menschen ist heilsam, weil sie die Kraft hat Konventionen im Umgang miteinander aufzubrechen und Menschen von den von mitgeschleppten Ängsten, unangemessenen Regeln und in der eigenen Biographie tradierten Überzeugungen fremder Menschen zu befreien. Eine Begegnung mit dem Anderen ist immer authentisch und wird getragen von eigenen Lebenskräften, aber auch von der Verantwortung, die Menschen miteinander verbindet (Hutter 2010). Begegnung – verstanden als zentrales Konzept – vollzieht sich auch in anderen Formen der Psychotherapie, auch wenn bei diesen nach eigenem Selbstverständnis die Anwendung von Methoden im Vordergrund steht.

Empathie: Die Fähigkeit sich in einen anderen Menschen einzufühlen (Empathie) ist die Basis für menschliche Beziehungen, und für Begegnung, insbesondere für Menschen, die eine nahe Beziehung miteinander eingehen. Eine gute Paarberatung zielt darauf ab, den PartnerInnen neue Möglichkeiten zur Gestaltung Ihrer Beziehung zu eröffnen und in der Paarberatung selber neues Beziehungslernen zu initiieren und Empathie füreinander zu entwickeln (Gunkel 1989, 2011; Mandel et al., 1990; Schulz 2010, 2012, Tiedemann & Jellouschek 2000; Wirsching & Scheib 2002).

Methoden heilen: Im Mittelpunkt der Ausbildung in Verhaltenstherapie (Wissenstand 1979) stand lange die Vermittlung von Methoden, die den Klienten helfen sollten, die eigenen Probleme besser als bislang in den Griff zu bekommen. Implizit wurde damit vermittelt, dass alle Probleme lösbar seien, vorausgesetzt, man wende die richtige Methode an. Die Anwendung von Methoden ist jedoch eng verbunden mit dem Glauben an die Wirksamkeit, einer strikten und gezielten Anwendung und der Entwicklung einer neuen Grundhaltung zu sich selber wie zum Beispiel Respekt von sich selber (Strobel 2010), Selbstachtung, eine gesunde Selbstliebe, Selbstreflektion, Authentizität im

1

Handeln, Wertschätzung dem Anderen gegenüber und der Überzeugung, dass Menschen ihr Leben selber und aktiv steuern können. Aus heutiger Sicht lässt sich eher sagen, dass die Verwendung von Methoden in der Psychotherapie dazu beiträgt, in einem Menschen ein tiefes Nachdenken über sich selber, seine eigene Identität, seine Überzeugungen und ethische Haltung, seine Beziehungen zu sich und anderen Menschen sowie seine Lebensgestaltung anzuregen. Was ist mir so wertvoll in meinem Leben, dass ich es gerne an Andere weitergeben möchte? Wo bin ich erstarrt in Gedanken, festgefahrenen Rollen und wiederkehrenden Interaktionsmustern? (Watzlawick 2009; Watzlawick et al. 2011).

Heimliche Verflechtungen: Über das Klienten - Therapeuten - Verhältnis zu reden galt früher (1975) in der Verhaltenstherapie als verpönt: dies war die Domäne der Analytiker, jener Psychoarchäologen, die immer nur in der Kindheit herum graben und die aktuellen Erscheinungsformen der Neurosen vernachlässigen. Mit der Zeit wurde dem Klienten eine gewisse Autonomie zugestanden, ein heimliches Lehrer - Schüler - Verhältnis blieb aber noch lange bestehen, was sich auch in den Trainings sozialer Kompetenz (Zimmer 1976) niederschlug: der Therapeut oder bestenfalls andere Gruppenmitglieder als Modelle vermittelten dem Klienten bestimmte Methoden und deren Anwendung und mittels bestimmter Methoden verhalf der Therapeut (mit den Gruppenklienten als Mediatoren) dem Klienten zu neuem Verhalten und damit verbundenem besseren Befinden. Es schien, als bliebe der Therapeut außerhalb der sonst üblichen und vorhandenen Beziehungsverflechtungen: heimlich existierte eine Oben Unten - Verteilung, eine Machthierarchie. Die Rollen eines Therapeuten sind jedoch vielgestalteter. Wirksam ist auch der Verhaltenstherapeut durch die Art der reflektierten Beziehungsgestaltung zwischen ihm und dem Klienten. Immer wirken Verhaltenstherapeuten als Menschen in ihren verschiedenen Rollen, soweit diese in der Verhaltenstherapie durchschimmern als Modell. Die Idee von Selbstbestimmung in der Psychotherapie schlägt sich in der Verhaltenstherapie in Modellen der Selbstregulation, bzw. in den Modellen des Selbstmanagements nieder (Kanfer & Goldstein 1977; Kanfer et al. 2011), die heute (2013) noch aktuell sind.

Wirbelnde Trickser

Eine neue Variante brachte die Kommunikationstherapie: einem Trickser gleich wirbelte der Therapeut mittels therapeutischer Doppelbindungen die alten Denk- und Verhaltensgewohnheiten der Klienten durcheinander, ohne dass diese oftmals die

Zusammenhänge der eigenen Veränderung verstanden. Der Therapeut galt als Vermittler symptomauflösender Techniken, die Reflexion persönlichen Lebenssinns blieb auf der Strecke. Der wirbelnde Trickser schien eine Art Zauberer zu sein, der neue kognitive Rahmungen verhieß und so neue Bewegungsräume und Begegnungsräume ermöglichte, ohne an diesen selber teilzuhaben, so schien es (Haley 1985, 1987, 1989, 1997, 2010, 2012). Doch auch der wirbelnde Trickser hinterlässt seine Spuren, zum Beispiel als innere Stimme, welche die Klienten in ihren Lebensalltag begleitet, diese an das neue erworbene Wissen erinnert und ermutigt Neues zu wagen. Die heilende Begegnung zwischen Psychotherapeut und Klient zeigt sich in einer seelischen und geistigen Berührung, die entsteht, wenn Menschen sich aufeinander einlassen (Kopp 2012).

Selbstsuche: Das methodenzentrierte Vorgehen der frühen Verhaltenstherapie mochte seine Berechtigung haben, solange die Probleme des Klienten nicht unbedingt im interpersonalen Rahmen lagen (obwohl diese Abgrenzung aus systemischer Sicht nicht getroffen werden kann); untauglich wurde das Vorgehen in dem Augenblick, als Klienten so etwas wie Selbsterfahrung suchten, sich selber kennenlernen wollten, unter der Trauer von Verstorbenen litten, sich von den anderen verlassen fühlten, eine Trennung oder Scheidung verwinden konnten (Kast 2011), sich auf Suche nach innerer Wandlung begaben (Kast 2007) oder einen aufrechten Kampf um die eigene Identität führten (Kast 2006, Kopp 2012).

Verhaltenstherapie und Selbstsuche: Halfen da noch die verhaltenstherapeutischen Methoden wie z.B. Verstärkung, Modellernen, Selbstinstruktion, Rollenspiel, Feedback, Umdeutungen, Shaping, Prompting, Fading, Flooding, Systematische Desensibilisierung, Entspannung und Autogenes Training? Liegt in ihrer Anwendung die Heilkraft oder vermitteln sie dem Klienten nur die heilenden Kräfte? Und vor allem: durfte der Therapeut etwas vermitteln, was nicht im Entferntesten in seinem Erfahrungsbereich lag? Bestand nicht die Gefahr der Unglaubwürdigkeit? Suchten die Klienten überhaupt die methodische Lösung ihrer Probleme mit sich und anderen?

Erste Zweifel: Mitten in der Sitzung mit einer Klientin, deren Mann sie von einem Tag auf den anderen verlassen hatte (das ist keine Aussage über die innere Realität der Beziehung), überkamen mich Zweifel an der Wirkweise der von mir gelernten Methoden. Lag das Geheimnis jenseits der Methoden? Oder hatten mich meine Psychotherapie - Lehrer schamlos betrogen, als sie mir ihr (Un)Wissen als Zaubertrank verkauften, ohne mir das verwandelnde Pulver zu nennen? Vielleicht, beschlich es mich, besteht in dieser Form auch kein Elixier der Wahrheit oder des Heilens und meine Psychotherapie - Lehrer waren heimliche ZEN - Meister, die mich in all den Jahren meines Studiums nur befähigen wollten, später selber um den rechten Weg der Psychotherapie zu kämpfen, um das Geheimnis, das jenseits der Methoden liegt. Ging es um Ideen? Ging es um Qualität? (Pirsig 1978).Vielleicht kämpfen sie zu dieser Stunde an anderer Stelle mit sich und ihren Methoden - Barrieren um eine Begegnung mit sich und dem Klienten. Mitten in der Begegnung mit einem anderen Menschen, in diesem Fall einer Klientin, begann meine eigene Verwandlung. Die flüchtigen Derwische hatten sie mir nie als eine auch nur im geringsten bestehende Möglichkeit angedeutet, geschweige denn als Notwendigkeit. Stück um Stück begann ich meine therapeutischen Masken über Bord zu werfen. Neugierig: wer enthüllt sich mir? Wert tritt mir entgegen? Wie antworte ich auf mich selber? Woran erkenne ich mich selber?

Zuerst begann ich die des Verhaltenstherapeuten abzustoßen. Ich löst von einer eng angewandten Verhaltenstherapie und begriff zum ersten mal, dass jeder Mensch, auch ich, sein eigenes Entwicklungstempo hat, das mit einem methodenzentrierten Vorgehen von 10 - 15 Stunden, meine Vorstellungen aus der Studienzeit in den 70 Jahren, unvereinbar, ist. Vor einigen Jahren (aus der Sicht der Grundfassung dieses Artikels 1984) noch sah ich eine Dauer von mehr als 10 Sitzungen als persönliches Versagen an: ich zweifelte an meiner therapeutischen Fertigkeiten. Erst meine eigene Loslösung von mir vertrauten Menschen überzeugte mich von dem Irrsinn meiner Annahme und ließ mich zum ersten mal mir selber mehr vertrauen als den Überlieferungen meiner Psychotherapie - Lehrer. Verschwunden sind die Zweifel völlig nie.

Die Verwandlung beginnt: Mitten in der Begegnung mit einem anderen Menschen, einer Klienten, die wie ich jemand sucht, um die eigene Geschichte zu erzählen und das eigene Leid zu lindern, die jemanden braucht, um sich der Gefahr der schmerzhaften Selbstöffnung mitteilen zu können, war ich als Mensch gefragt.

Nicht mehr war ich gefragt als Vermittler symptomauflösender Techniken, falls sich Leiden um Verlust von sich und anderen als Symptom ansehen lassen. Veto auch dem einfühlsamen Therapeuten alleine, sei es nun Psychodrama, Gestalt- oder Gesprächspsychotherapie, der den Klienten sein Leid fühlen lässt, welches er zur Genüge schon selber kennt, wovor er sich schreckhaft fürchtet. Das Verweilen war zu schmerzhaft, das Ablenken (gedankliche Vorwegnahme positiver möglicher

Konsequenzen) wirkte wie Hohn. Kein Zutritt auch dem Narren, der alles anzweifelt (Ellis et al. 2012), der die alten Wahrnehmungen und Kognitionen durcheinander wühlt und nichts bestehen lässt. Gescheitert schon im Keime mit dem Versuch wie ein Weiser aufzutreten, der begütigend und unerreichbar über die immer wiederkehrenden Schmerzen, Tötungen und leisen Auferstehungen lächelt. Wofür hatte ich mich mit östlicher Weisheitsliteratur beschäftigt, in den Begrifflichkeiten des Tao und Zen bewandert? Numerus clausus auch für den Psychoarchäologen, der frühkindliche und spätere familiäre Interaktionsprozesse und Kommunikationsabläufe auf Inhalts- und Metaebene untersuchen wollte, wie ich es bei meiner Beschäftigung mit der Kommunikationstherapie gelernt hatte. Am wenigsten gefragt als der Lehrer, dem sich der unwissende Schüler samt seiner Allmachtsübertragungen und Ohnmachtsphantasien nur noch zu Boden werfen braucht (denkt er), um die Erleuchtung im Hier und Jetzt zu erlangen.

Das eigene Tempo: Schmerzhaft lasse ich Stück um Stück meine Persona, meine Masken, fallen und versuche es mit mir selber. Bin ich sonst nicht das Pendant zum Neurotiker, der auch seine Masken und Spiele beherrscht (und sie ihn), um sich vor sich und der Welt zu verstecken? Er ist gescheitert und hat seine Legitimation verloren, ich aber könnte stolz meine falschen Helfergründe vorschieben, um mich in seiner Rolle zu verstecken. Die Klientin aber war erschienen, um nach einem Menschen zu suchen, der ihr vertrauensvoll und stark genug erschien, ihre Geschichte zu hören, zu ertragen. Vielleicht auch, um ihr zu helfen.

Authentizität: „Sagen Sie meinem Sohn, dass er von den süßen Datteln nicht naschen soll". Der Heiler bittet die Mutter am nächsten Tag wieder zu kommen. Dann sagt er zu ihrem Sohn: „Iss nicht von den süßen Datteln!" „Warum konnten Sie das nicht gestern sagen?" Der Heiler antwortet der fragenden Mutter: „Gestern hätte ich Deinen Sohn nicht überzeugen können, mit dem, was ich ihm heute sage. Denn gestern noch habe ich selber die Süße der Datteln gekostet" (Peseschkian 1979, S. 44).

Die Kraft eines Theaterstückes: Die Kraft eines Theaterstückes - habe ich vor kurzem gelesen - entsteht aus dem Kampf zwischen Regisseur und Schauspieler, einem Kampf oft bis an den Rand der Selbstaufgabe. Dabei erreichen beide Regionen, die in der abgestumpften Alltagsnormalität und -realität unerreichbar scheinen. Aus sich selber Kraft schöpfend, verändern sich beide und verleihen ihrer Rolle den nötigen Glanz. Jeder muss dabei - wie Peter Weiss (1962) es in seinem Hörspiel "Der Turm" beschreibt, in seinen eigenen engen und finsteren Turm hinabsteigen, sich noch einmal fesseln lassen von dem Zauber der Erotik, von den Einschränkungen noch machtvoller Autoritäten, muss die eigene Verlassenheit, aber auch Größe und Kraft, kennenlernen, um sich und das Alter Ego zu befreien. So wie ich die Klienten ansporne, in das finstere Gewölbe hinabzusteigen, an manchen Stellen zu verharren, bietet auch mir der Klient die Möglichkeit meine eigenen Fesseln, die ich aus früheren und neueren Zeiten mit mir herumschleppe, zu betrachten, mich ihrer zu entledigen, wenn es Zeit für mich ist. Wenn ich meine Berührungsangst überwinde und aus meiner Rolle heraustrete zu mir, auch in Gegenwart eines Klienten, kann diese Begegnung zur Selbsterfahrung werden. Ein schmerzlicher Prozess, in dem ich mich verwundbar mache, der mir Schrecken und Verwunderung einjagt, in dem ich meine Grenzen weiten kann, an dem aber auch ein anderer Mensch teilnehmen kann, der Mut machen kann. Vielleicht werden wir beide so bereiter zur Einlassung mit uns selber. Zeigen, wie wir als Menschen in der Welt stehen und wie wir uns aufeinander einlassen. Die Fragen erwecken Neugier: wer bin ich selber? Woran erkenne ich mich? Wie antworte ich auf mich selber? Wie wirke ich heilend? Was passiert in diesem Prozess mit mir? Wie verändert ich mich selber in diesen Momenten?

Allmacht und Ohnmacht: Vorerst aber muss ich um und gegen den Klienten kämpfen, der mit Allmachts- und Ohnmachtsvorstellungen an mich herantritt. Früh schon wollte ich ihn damit vertraut machen, dass nicht er von mir Heilung erwarten kann, sondern dass er vielmehr mein Helfer ist, meine Schwachstellen und meine Stärken immer wieder neu zu entdecken. Mit ihm probiere aus, wieweit ich mich schon auf mich selber eingelassen habe. So wie er mir zaghaft seine Assoziationen und manchmal auch seine Träume mitteilt, noch unvertraut mit mir und der fremden Therapiesituation, will ich ihn nicht und mich nicht zu allzu schneller Nähe zwingen, sondern beide tasten wir uns entlang an Widerständen und Ängsten, an verlegenem Lachen und aufkeimender Freude einander näher zu kommen. Manchmal komme ich ihm zu nahe, manchmal schrecke ich zurück, als sei ich noch nicht soweit. Manchmal verraten wir zu früh zu viel voneinander, brauchen beide noch Zeit, um aus unseren Wolfslöchern heraus zu kommen. Woran erkennen wir einander? Welchen Schutz benötigen wir, um einander Vertrauen schenken zu können. Welche Erfahrungsfilme bilden die Folie, die es ermöglicht oder verhindert, einander wahrzunehmen? Mitfühlend. Herausfordernd. Einfühlsam mitschwingend. Distanziert betrachtend.

Aus sich heraustreten: Bei meinen ersten zaghaften Versuchen aus meiner Beraterrolle zu schlüpfen, legte ich mir ein Hilfsmittel zurecht: als Ankündigung und Mutmacher (Selbstinstruktion) diente mir folgender Satz: "Ich möchte jetzt etwas sagen, was ich eigentlich nicht sagen darf". Zögernd aus gesprochen, verfehlte der Ausspruch die Wirkung selten: ein waches Aufhorchen des Klienten. Als Rollenabtrünniger traf ich ins Schwarze, vielleicht auch, weil der Klient den Augenblick gekommen sah, selber aus seiner Rolle herauszutreten.

Das Terrain des Verbotenen: Das Terrain des Verbotenen, verwirrend und befreiend, war betreten. Ich ahnte, dass die Heilung in der Hinwendung zum Verbotenen liegen könnte, in der Übertretung des Tabus der Rollenfestlegung. Beunruhigend zeigt sich das Verbotene im Unerwarteten: die bekannten Grenzen sind verschwunden, sowie ich aus der Rolle zu mir hintrete, wird der Klient dies vielleicht auch tun. Vielleicht aber auch wird er mich meiner Offenheit bloß stehen lassen, als Rache für die Verletzungen, die anderer ihm zugefügt haben. Üblich ist dies ja schon in der realistischen Welt der Spiele. Aber nach einiger Zeit verspüren wir, dass hier ein Raum entsteht, frei von Konventionen, in dem wir beide unsere Offenheit und Verletzlichkeit zeigen können, ohne uns etwas vergeben.

Allein schon in dem Wort "verboten" liegt eine Anerkennung einer fremden Macht außer mir selber. Zumeist sind es die Eltern, die noch in unseren Köpfen herumspuken, bzw. ihre Äußerungen, die auch aus Zeiten ihrer eigenen Unsicherheit entstammen, aus Zeiten, in denen sie so unsicher vor ihren Kindern und sich standen, wie die Klienten jetzt an der Schwelle zu sich selber. Der Unterschied liegt darin, dass die Eltern ihre Fragen hinter festen Stimmen verbargen, die Klienten von heute die damals unausgesprochenen Fragen nach sich selbst für sich und die Eltern beantworten müssen. Aber die Verbote ergingen in erster Linie nicht an die Kinder, sondern an sich, die Eltern, selber. Was sie sich nicht zugestehen wollten, die Auseinandersetzung mit sich selber, vielleicht aus der Furcht, in eigenen Abgründen zu versinken, sollten auch die Kinder nicht dürfen: weder als Kinder noch als spätere Erwachsene. Was für die jungen Eltern damals bedrohlich war, nämlich die Erkenntnis der eigenen Eingeschränktheit, des trotzdem liebenswerten Selbst, sollte für die Nachgeborenen im Verbotenen verborgen bleiben: sie konnten sich ja - damals jünger als wir jetzt - nicht das Leid zufügen, dass wir streckenweise Enttäuschungen über uns ausgesetzt wären, die auszuhalten sie selber nicht glaubten.

Ängste - verborgene Quellen unserer Kraft: So bedeutet der Schritt ins Verbotene einen Schritt auf sich selber hin und einen Schritt näher hin zu den Ängsten der verbietenden Eltern. Verstehen, was sie bewogen hat, so zu denken und zu handeln, wie sie es taten. Ihr Eltern wart so jung, als es Euch aufgegeben wurde, Eure Ängste weiter zu reichen. So viel hilfloser als ich jetzt bin. Wenn wir so auch Euch blicken können, eingebettet in ein enges Korsett, das Ihr erst abwerfen musstet, um leben zu können, fühle ich mich nicht mehr so einsam mit den eigenen Ängsten, sondern sehe Euch als Weggefährten vor meiner Zeit.

Diesen Blick zu entwickeln für das Eingewoben sein in die Geschichte der Familie und das sie umgebende Beziehungsnetz gilt für uns beide, Klient wie Therapeut. Beide müssen wir uns vortasten in unsere unbekannten verbotenen (Be)Reiche: verborgene Quellen unserer Kraft.

Kratz- und Schürfwunden: Noch stolpernd stellen wir uns die gewohnten Fallen. Beharrlichkeit zeichnet den Klienten aus. Da kann ich von ihm lernen. Beide müssen wir immer wieder aufstehen und lernen über uns zu lachen. Die Kratz- und Schürfwunden sind die Gefahren, vor denen uns unsere Verbieter warnten. Am meisten schneiden die Fesseln ins Fleisch, mit denen uns unsere Eltern schützen wollten.

Kein Paradies: Aber auch wenn wir versuchen, die schützenden und hemmenden Fesselungen hinter uns zu lassen, ist das Paradies der Freiheit noch nicht erreicht. Verwirrt schauen wir uns beide nach neuen Fesseln um, um uns vor uns selbst zu schützen. Welch unbezähmbare Macht taucht in uns auf? Immer wieder lockt mich der Klient mit dem Angebot, meine vermeintliche Allmacht, die er mir mit seinen Blicken zuschiebt, anzuerkennen und ihn in seiner Ohnmacht von seinen Fesseln zu befreien. Allmacht und Ohnmacht verstricken sich zu einem Netz, in dem sich beide verheddern und fallen. Immer wieder falle ich darauf herein der Fachmann zu sein und Verantwortung für ihn zu übernehmen. Wenn er mich reinlegt in meiner Rolle als Therapeut oder Guru zu bleiben oder wie immer er mich wahrnehmen will, kann er weiterhin ein erfolgreicher Neurotiker bleiben, jeder beharrlich in seiner gesellschaftlichen Rollenfehlbesetzung. Mitten drin erkenne ich wieder den alten Kollusionskampf um Macht und Vermeidung von Nähe (Willi 2012). Ich soll sein Vater sein, damit er mir vorwerfen kann, ich hätte ihm nichts beigebracht, da ich es zuließ, dass er mich dahin brachte, ihn von sich abzulenken.

Um ihn kennenzulernen und mich nicht übertölpeln zu lassen, lasse ich mich selber in sein Spiel ein. Ich schlüpfe ein wenig in seine Rolle und lasse mir so zusetzen wie andere ihm mitgespielt haben. So bleibe ich in seiner Nähe, gewinne sein Vertrauen und lerne ein wenig übe mich.

Die Verlockung der Methodenkiste: Zu schön wäre es, in diesem Augenblick in die Methodenkiste zu greifen, um mich vor dem Klienten und dem, was er mir zu sagen hat, zu schützen. Ich könnte ihn auf sich selbst zurückwerfen, Selbstverstärkungsspielchen spielen lassen, in Rollenspiele ausbrechen, Feedbacks geben. Mit alledem lenkte ich von mir selber ab. Warum lasse ich mich von diesem Menschen so gern fangen? Was in mir ist noch unerledigt? Suche ich Halt an diesem Menschen? Welche Verbotsübertretungen vermeide ich? Welche vertrauten Spielvarianten möchte ich hegen und pflegen? Wenn ich das tue, weise ich erneut eine Chance zurück, mich selber kennenzulernen. Ein Stück Selbsterfahrung der verbotenen Anteile in mir. Wenn ich mich jetzt aufraffe, mich mir stelle, bin ich dem Klienten ein wenig voraus, habe ein wenig von meinem mir zustehenden Terrain gewonnen.

Was habe ich verspürt? Verwirrt und erleichtert bleibe ich nach der Sitzung zurück, dankbar ein wenig von mir selber erfahren zu haben. Wir haben ein wenig Nähe zueinander und zu uns selber gespürt. Ich habe wieder einmal meine Zweifel und Momente meines sinnlosen Kampfes gegen meine immer wieder auftauchende Hilflosigkeit bemerkt. Je weiter ich gegen sie ankämpfe desto stärker wird sie. Die Klientin hat in ihrer Wut über ihren Mann die eigene Enttäuschung gespürt, auch ihre Liebe zu ihm, auch seine Verzweiflung, und beide haben wir über unsere sinnlosen Versuch von Menschen, die uns nicht leiden können, Zuneigung zu wünschen, lachen können. Wir haben voneinander erfahren. Reicht das nicht für heute?

Um es ein wenig wissenschaftlicher auszudrücken: ich fühle mich in meinem therapeutischen Denken und Handeln noch immer der Lerntheorie verbunden. Mein erstes Ziel ist aber nicht eine Veränderungszielanalyse für den Klienten, bzw. seine Symptome. Erst einmal möchte ich ihm und den Auswirkungen seiner Neurose in Kontakt treten. Haben wir uns ein wenig beschnuppert, möchte ich ihn immer noch nicht ändern, sondern ihm helfen, allen Seiten seines Leidens nachzuspüren. Erst dann können wir uns, wie auch immer, ans Verändern wagen. Dabei muss ich fähig bleiben, auch mit Hilfe eines Supervisors, die Metaebene, die versteckten Botschaften unserer Interaktion zu erkennen. Ziel ist dabei für mich nicht in Distanz zu bleiben, sondern mich aktiv hinein begeben zu können.

Menschen lehren mich: Ich suche mir die unterschiedlichsten Supervisoren aus: mal sind es Besprechungen mit Kollegen, mal rede ich mit Freunden, die dem Klienten zu ähneln scheinen, mal lenken die Klienten mein Augenmerk auf ihre unterschiedlichen Interaktionen. Einige meiner Kollegen sind Analytiker und machen mich auf den Ballast, den ich immer noch mit mir herumschleppe, aufmerksam. - Sie kennen die Geschichten mit dem Mühlstein? Selber merkt man nicht, was man so mitschleppt. Erst in der Wahrnehmung durch den Anderen schärft sich der Blick für sich selber. Es ist eine Kunst, zu erkennen, wann die alte Kleidung wirklich abgetragen ist, und es einen neuen Raum für eine sich verändernde Identität braucht. Andere Kollegen sprechen über meine Beeinflussung der Beratungssituation. Manches Überschneidet sich, aber immer wieder in anderen Aspekten. Die zahlreichsten Anstöße erhalte ich von Klienten, die mich auf Erlebnisse vorbereiten, die ich vielleicht selber noch durchleben muss.

Mit auf den Weg: „Sie haben mir sehr geholfen", spricht die Klientin und verabschiedet sich. Ich bleibe verwundert zurück. Unwissend habe ich ihr etwas mitgegeben, was ich selber für mein eignes Leben noch verstehen lernen muss.

Begegnung: Begegnung ist wechselseitig. Sie beruht auf einem existentiellen Sich-in-Beziehung-Setzen zu dem Anderen. Empathie kann helfen, sich in die Lebenswelt des Anderen hineinzuversetzen und mit seinen Augen zu schauen, mit seinen Lebenserfahrungen die Welt anzuschauen, seine Ängste, Zweifel, Hoffnungen und Momente der Freude zu erspüren. Was ist das, was sich so wohltuend zwischen uns ausbreitet? Herr Moreno, der die Idee mit der Begegnung aufbrachte, lächelt. „Begegnung passiert", sagt er. „So wie Freundschaft."

Literatur:

Ellis, A. & Joffe Ellis, D. (2012). *Rational-Emotive Verhaltenstherapie.* Rheinhardt. München.

Gunkel, S. (1989). *Empathie im Psychodramatischen Rollenspiel: Training der Perspektivenübernahme.* Integrative Therapie, 15(2), 141-169.

Gunkel, S. (2011). *Training sozialer Wahrnehmungsfähigkeit durch psychodramatisches Rollenspiel.* Zeitschrift für Psychodrama und Soziometrie, 10(1), 121-148.

Haley, J. (1985). *Direktive Familientherapie. Strategien für die Lösung von Problemen.* Leben lernen, Band 27. Pfeiffer. München.

Haley, J. (1987). *Gemeinsamer Nenner Interaktion.* Leben lernen, Band 34. Pfeiffer. München.

Haley, J. (1989). *Ordeal Therapie. Ungewöhnliche Wege der Verhaltensänderung,* Band 1, Iskopress. Salzhausen.

Haley, J. (1997). *Ablösungsprobleme Jugendlicher. Familientherapie, Beispiele, Lösungen.* Pfeiffer. München.

Haley, J. (2010). *Die Psychotherapie Milton H. Ericksons. Leben lernen, Band 36.* Klett-Cotta. Stuttgart.

Haley, J. (2012). *Leaving Home: Therapie mit jungen Menschen im Umbruch.* Carl-Auer. Heidelberg.

Hutter, C. (2010). *Morenos Begriff der Begegnung.* Zeitschrift für Psychodrama und Soziometrie. Heft 2/2010, S. 211-224).

Kanfer, F.H. & Goldstein, A.P. (1977). *Möglichkeiten der Verhaltensänderung. Helping People Change.* Urban & Schwarzenberg. München.

Kanfer, F.H., Reinecker, H. & Schmelzer, D (2011). *Selbstmanagement-Therapie. Ein Lehrbuch für die klinische Praxis.* 5.te Auflage. Springer. Berlin.

Kast, V. (2006). *Trotz allem Ich. Gefühle des Selbstwertes und die Erfahrung von Identität.* Herder Spektrum. Freiburg im Breisgau.

Kast, V. (2007). Sich wandeln und sich neu entdecken. Herder. Freiburg im Breisgau.

Kast, V. (2011). *Sich einlassen und loslassen. Neue Lebensmöglichkeiten bei Trauer und Trennung.* Herder Spektrum. Freiburg im Breisgau.

Kopp. Sh. (2012). *Triffst Du Buddha unterwegs ... Psychotherapie und Selbsterfahrung.*
Fischer. Frankfurt am Main.

Mandel, A., Mandel, H.H., Stadter, E. & Zimmer, D. (1990*). Einübung in Partnerschaft durch Kommunikationstherapie und Verhaltenstherapie.* Pfeiffer. München.

Peseschkian, N. (1979). Der Kaufmann und der Papagei. Orientalische Geschichten in der Positiven Psychotherapie. Fischer. Frankfurt am Main.

Pirsig, R.M. (1978). *Zen und die Kunst ein Motorrad zu warten.* Fischer. Frankfurt am Main.

Schulz, A. (2010*). Lebendige Partnerschaft. Psychodramatische Arrangements in Paarberatung und Partnerseminaren.* Zeitschrift für Psychodrama und Soziometrie, 2010 (9), S. 161 – 174.

Schulz, A. (2012). *Die Löwin und der Schmetterling. Liebevolle Begegnungen auf der psychodramatischen Bühne.* Zeitschrift für Psychodrama und Soziometrie, 2012 (11), S. 5 – 24.

Strobel, I. (2010). *Respekt. Anders miteinander umgehen.* Pattloch Verlag. München.

Tiedemann, F.v., & Jellouschek, H. (2000). *Systemische Paartherapie. Ein integratives Konzept.* Psychotherapie im Dialog, Zeitschrift für Psychoanalyse, Systemische Therapie und Verhaltenstherapie, 1(2), 37-44.

Watzlawick, P. (2009). *Anleitung zum Unglücklichsein.* Pieper. München.

Watzlawick, P., Beavin, J.H., Jackson, D.D. (2011). *Menschliche Kommunikation: Formen, Störungen, Paradoxien.* Huber. Bern.

Weiss, P. (1962) *Der Turm.* Ursendung der Hörspielfassung vom 16. April 1962 (Hessischer Rundfunk).

Willi, J. (2012). *Die Zweierbeziehung: Das unbewusste Zusammenspiel von Partnern als Kollusion.* Rowohlt. Reinbek bei Hamburg.

Wirsching, M., & Scheib, P. (2002). *Paar- und Familientherapie.* Springer. Berlin.

Zimmer, D. (1976). *Ausbildung sozialer Kompetenz durch Training in Training in Verhaltensgeschicklichkeit und Selbstregulation. Eine experimentelle Untersuchung zum Selbstsicherheitstraining. Inaugural-Dissertation zur Erlangung des Doktorgrades der Philosophischen Fakultät der Westfälischen-Wilhelms-Universität zu Münster.* Unveröffentlichte Dissertation. Münster.

Anmerkung: Dieser Artikel basiert auf einem Vortrag in der Fachhochschule Fulda am 27.04.1984. Die Überarbeitung aus dem Jahre 2013 behält den Grundgedanken der Loslösung von altem Gedankengut zur Vorbereitung auf eine Begegnung bei, angereichert durch psychodramatisches Gedankengut. Die Literatur wurde aktualisiert. Die Menschen, die mir begegnen, sind Männer und Frauen. Man sollte den Text so lesen.